I0162779

BERDOA BAGI KESEJAHTERAAN BANGSA

OLEH
DEREK PRINCE

Alih Bahasa
Lily Christianto

1

Penerbit dan Penyalur Utama:
Derek Prince Ministries Indonesia
Telp: 021-45846494 / 021-70940645
Fax : 021-45846494
Email: ydpm@cbn.net.id

Hak Cipta Dilindungi
Cetakan pertama: Juni 2004

Originally published in English under the title,
Praying for the Government
Copyright © 1970 Derek Prince
ISBN: 978-1-78263-020-3
All Rights Reserved
Indonesian translation published
By permission
Copyright © 2004
Derek Prince Ministries Intenational

*Terima kasih untuk tidak mengcopy/mengambil bagian/seluruh
isi buku ini tanpa izin penerbit. Karena untuk setiap buku yang
terjual, Anda telah mendukung pelayanan literatur Derek
Prince Ministries di Indonesia.*

B20IN/06-04/3M/GF

BERDOA BAGI KESEJAHTERAAN BANGSA

". . . [bilamana] umat-Ku, yang atasnya nama-Ku disebut, merendahkan diri, berdoa dan mencari wajah-Ku, lalu berbalik dari jalan-jalannya yang jahat, maka Aku akan mendengar dari sorga dan mengampuni dosa mereka, serta memulihkan negeri mereka."

2 Tawarikh 7:13-14

Derek Prince

© 1970 Derek Prince Ministries International

BERDOA BAGI
KESEJAHTERAAN BANGSA

Gereja Seharusnya Menjadi "Garam Dunia" Janji Tuhan untuk Memulihkan Negeri Kita Tuhan Menetapkan Empat Syarat Alkitab Mewajibkan Kita Untuk Berdoa Agar Ada Pemerintahan yang Baik Campur Tangan Orang Kristen yang Tegas di Alam Roh Siapa yang Bersedia untuk Berdiri di Celah?

Sesungguhnya ada berbagai cara yang dapat ditempuh supaya otoritas Gereja [umat Kristen] benar-benar menjadi nyata di dunia ini. Dengan ini saya ingin memaparkan empat cara yang dapat dipakai, yaitu: berdoa, bersaksi, berkhotbah dan berbuat baik. Inilah empat cara utama yang diharapkan Tuhan dari Gereja [umat percaya] supaya benar-benar mempunyai dampak pengaruh pada dunia. Dalam buku ini kita akan khusus membahas cara yang pertama, yaitu lewat doa.

Tuhan sungguh ingin agar Gereja [artinya, umat Kristen] mempunyai pengaruh dan suara yang menentukan dalam mengendalikan keadaan di dunia ini melalui kehidupan doa. Hal ini dengan jelas dinyatakan dalam Kitab Suci. Jika Gereja [umat Kristen] gagal dalam

4

hal ini, pada hakikatnya Gereja [umat Kristen] sudah menjadi garam yang tawar dan tidak ada rasanya.

Bilamana Umat-Ku ...

Dalam 2 Tawarikh 7:13-14 kita membaca: "[bilamana] ... umat-Ku, yang atasnya nama-Ku disebut, merendahkan diri, berdoa dan mencari wajah-Ku, lalu berbalik dari jalan-jalannya yang jahat, maka Aku akan mendengar dari sorga dan mengampuni dosa mereka, serta memulihkan negeri mereka."

Pewahyuan ini diberikan Tuhan kepada Salomo begitu ia selesai melakukan pentahbisan rumah ibadah, yaitu bait Allah. Tak pelak lagi, mendengar hal ini pasti ada beberapa di antara Anda yang berpikir begini: Memang, janji itu pernah disampaikan Tuhan kepada Salomo pada zaman Perjanjian Lama dahulu, tetapi bukankah janji itu sudah tidak berlaku lagi bagi kita yang hidup di zaman sekarang? Perkenankan saya memberikan komentar singkat atas pemikiran tersebut.

Dalam 2 Korintus 1:20 kita membaca: "Sebab Kristus adalah 'ya' bagi semua janji Allah. Itulah sebabnya oleh Dia kita mengatakan 'Amin' untuk memuliakan Allah." Yang dikatakan di situ, bukan *sebagian* dari janji-janji itu melainkan, *semua* janji! Kemudian dikatakan, "Kristus adalah (*is*) 'ya'" [kata kerja "adalah" (*to be*) dalam bahasa Yunani yang menandakan waktunya sekarang], tidak dikatakan dahulu (*was*) atau kelak di kemudian hari (*will be*)! Bukan sekadar *Ya*, tetapi seandainya Anda masih juga ragu-ragu, di situ dikatakan *Kita mengatakan Ya dan Amin! di dalam Dia (Kristus) untuk memuliakan Allah.* Yang dimaksudkan dengan "kita" di sini adalah *semua*

5

orang Kristen, termasuk Anda dan saya. Bagaimana kita memuliakan Tuhan? Dengan mengklaim (mengaminkan) janji-Nya! Makin banyak janji Tuhan yang kita klaim (aminkan), makin banyak pula kita memuliakan Tuhan. Semua janji-janji Tuhan tersedia bagi kita di dalam Kristus sampai hari ini.

Sehubungan dengan janji dalam 2 Tawarikh 7:14, saya percaya Anda sekarang mulai melihat bahwa janji ini juga berlaku untuk Anda dan saya hari ini! Tuhan, mengatakan "… umat-Ku, yang atasnya nama-Ku disebut." Ini yang tercantum dalam Alkitab terbitan Lembaga Alkitab Indonesia yang disesuaikan dengan terjemahan bahasa Ibrani-nya ("... *My people upon whom my name is called*.") Umat Tuhan adalah orang-orang yang atasnya nama Tuhan disebut. Apa artinya hal itu jika Anda seorang Kristen? Artinya, nama Kristus disebut atas Anda. Artinya, Anda mempunyai kaitan hubungan dengan nama Kristus. Anda disebut orang Kristen oleh karena nama Kristus itu. Berarti, janji tadi berlaku juga bagi seluruh umat Kristen: Umat Tuhan yang atasnya nama Kristus disebut.

Tuhan berkata bahwa bilamana umat-Nya telah melakukan empat perkara, pada bagian-Nya Ia akan melakukan tiga perkara. Umat Tuhan harus melakukan empat hal terlebih dulu, dan pada bagian-Nya Tuhan akan melakukan tiga hal yang Ia sudah berjanji akan melakukannya. Ini adalah sebuah janji Tuhan yang disertai sejumlah syarat. Tuhan tidak mengatakan bahwa Ia akan melakukannya begitu saja, tanpa adanya syarat-syarat yang harus dipenuhi terlebih dahulu. Pada hakikatnya Tuhan berkata, *"Bilamana* ... umat-Ku memenuhi persyaratan-Ku, *maka* aku akan melaksanakan apa yang sudah Kujanjikan." [Temukan kata "bilamana" di ayat 13]

Perhatikan bagian penutup dari ayat 14 tadi, bahwa hal terakhir yang akan Tuhan lakukan bagi umat-Nya adalah memulihkan (menyembuhkan) negeri mereka. Jelaslah bahwa yang dimaksudkan di sini adalah negeri tempat tinggal umat Tuhan. Menurut Tuhan, sesungguhnya umat-Nya memiliki kuasa untuk melakukan hal-hal tertentu, yaitu hal-hal yang akan membuat Tuhan mau memulihkan (menyembuhkan) negeri tempat tinggal mereka.

Perhatikanlah negeri tempat tinggal kita sendiri. Benarkah negeri kita sedang sakit dan perlu disembuhkan? Jawabannya memang *Ya!* Kenyataan bahwa negeri kita memerlukan penyembuhan menunjukkan bahwa pada hakikatnya umat percaya yang tinggal di negeri ini telah gagal melakukan apa yang disuruh oleh Tuhan. Jadi, sesungguhnya tanggung jawab atau kesalahan terletak pada kita sendiri *bukan* pada para penjahat, *bukan* pada para pelacur, *bukan* pula pada orang-orang lain yang pada umumnya belum pernah menginjakkan kakinya ke dalam gereja. Tanggung jawab itu terletak pada orang-orang yang atasnya nama Kristus disebut!

Jika negeri kita masih tetap sakit juga, pasti hanya ada satu hal yang menjadi penyebabnya. Yaitu karena kita [umat percaya] belum juga melakukan hal-hal yang diminta oleh Tuhan. Saya percaya, inilah suatu kebenaran hakiki.

Gereja (Umat Kristen)
Seharusnya Menjadi "Garam Dunia"

Jadi, pada dasarnya kita sekedar mengulang apa yang pernah dikatakan Yesus dalam Matius 5:13 "Kamu adalah garam dunia. Jika garam itu menjadi tawar, dengan apakah ia diasinkan? Tidak ada lagi gunanya selain dibuang dan diinjak orang." Jika negeri ini tidak dipulihkan (disembuhkan) karena kita berada di situ, sesungguhnya garam kita [umat Kristen] sudah menjadi tawar, tidak berkhasiat lagi.

Apa yang dikerjakan oleh garam? Pertama-tama, garam memberikan cita rasa. Selama kita [orang-orang Kristen] ada di dalam dunia ini, dunia ini masih dapat diterima oleh Tuhan. Dengan kata lain, Tuhan berkenan menerima (warga) dunia karena masih ada orang-orang Kristen di antara mereka. Karena kehadiran kita, Tuhan memperlakukan dunia dengan kasih karunia dan rahmat, bukannya dengan amarah dan penghukuman.

Saya sungguh percaya bahwa keberadaan saya membawa suatu dampak positif di mana pun saya berada. Hal ini telah benar-benar saya alami semasa Perang Dunia II. Di mana ada saya dalam pasukan tentara Inggris pada waktu itu, para anggota pasukan lainnya merasa lebih aman. Bahkan tentara-tentara yang umumnya belum mengenal Tuhan pun menyadari hal ini. Ketika keadaan kami sedang terancam karena diserang musuh di daerah gurun Afrika Utara, pernah ada beberapa orang prajurit yang sambil menoleh ke arah saya berkata, "Halo Kopral Prince, syukurlah bung ada di sini bersama kami." Padahal sebagian dari mereka adalah tentara yang paling suka mengumpat. Apa yang dahulu dikatakan oleh Elisa

8

kepada Nabi Elia? "Elia, Bapakku! Bapakku! Pelindung Israel yang perkasa!" (2 Raja-Raja 2:12). Di manakah Elisa waktu itu sehingga dia merasa begitu aman? Bukan di dekat baginda raja, melainkan dekat seorang nabi.

Kita [umat percaya] seharusnya merupakan benteng yang melindungi negeri ini. Kitalah kubu-kubu pertahanan bangsa. Cobalah kita menyimak kisah berikut ini dari kota Sodom. Abraham berkata kepada Tuhan, "Sekiranya sepuluh orang yang benar didapati di sana, apakah Tuhan akan menumpas negeri ini?" Dan Tuhan berkata, "Aku tidak akan menumpasnya." Namun pada akhirnya pemusnahan kota itu tidak dapat dicegah karena ternyata Tuhan tidak menemukan sepuluh orang yang benar di dalamnya.

Saya tidak tahu berapa banyak penduduk Sodom pada waktu itu, tetapi saya tahu bahwa angka perbandingan antara orang yang benar dan yang jahat masih tetap berlaku. Sepuluh orang benar dapat menyelamatkan sebuah kota sebesar Sodom. Seratus orang benar dapat menyelamatkan sebuah kota yang sepuluh kali lebih besar dari Sodom. Seribu orang benar dapat menyelamatkan sebuah kota yang seratus kali lebih besar dari Sodom. Demikianlah seterusnya. Saya sungguh mencemaskan apa yang akan terjadi dengan dunia ini apabila Gereja [umat percaya] pergi meninggalkan dunia. Maka tidak akan ada garam lagi. Lalu amarah dan penghukuman berat akan menimpa dunia ini dengan tidak kepalang tanggung. Akan tetapi, selama kita orang-orang percaya masih hidup, kitalah yang menjadi garam dunia.

Garam juga bersifat mengawetkan. Garam mencegah pembusukan. Di zaman dulu ketika lemari es belum ditemukan, daging diawetkan dengan menggunakan garam. Dengan cara ini daging tidak akan membusuk. Apa tujuannya orang-orang Kristen hidup di bumi? Untuk mencegah pembusukan. Artinya, pembusukan di segala bidang moral, sosial maupun politik. Selama umat Tuhan masih berada di bumi, seharusnya kita akan dapat mencegah terjadinya proses pembusukan. Yesus berkata, "Jika garam itu menjadi tawar, dengan apakah ia diasinkan. Tidak ada lagi gunanya selain dibuang dan diinjak orang."

Apabila Gereja [umat Kristen] sudah tidak menjalankan fungsinya sebagai garam dunia, dengan sendirinya Gereja akan di"buang" kemudian diinjak-injak oleh banyak orang. Bisa saja yang menginjak-injak Gereja adalah para pengikut ajaran komunis atau nazi atau para penganut dari salah satu "isme" atau ideologi lain yang masih akan muncul di kemudian hari. Tetapi mereka adalah orang-orang yang akan menginjak-injak Gereja karena memang sudah tidak melaksanakan fungsinya sebagai garam dunia.

Apa yang Dituntut Tuhan dari Umat-Nya?

Pertama, ". . . umat-Ku . . . [harus] merendahkan diri." Bagi orang-orang yang terlalu **agamawi** (religius), hal ini adalah perkara yang paling sulit untuk dilakukan. Saya tidak bergurau, saya serius dalam hal ini. Mungkin saja Anda pernah mendengar orang berdoa, "Ya Tuhan, buatlah saya menjadi rendah hati." Padahal Tuhan tidak pernah menyuruh yang demikian. Tuhan berkata, "Rendahkan dirimu." Ia belum pernah berkata, "Aku akan melakukannya bagimu." Tuhan tidak dapat merendahkan hati Anda. Tuhan bisa saja mempermalukan Anda, dan siapa tahu Ia memang harus mempermalukan Anda, namun satu-satunya orang yang dapat merendahkan hati Anda ialah Anda sendiri. Sikap rendah hati harus timbul dari dalam, bukan dari luar. Jika Anda memilih untuk tidak merendahkan diri, maka Anda akan tampil seangkuh burung merak sekalipun Anda sudah diinjak-injak serendah-rendahnya.

Syarat pertama adalah merendahkan diri dan berserah kepada Tuhan.

Jika kita berserah kepada Tuhan, maka kita juga akan berserah kepada Firman maupun otoritas-Nya. Mudah untuk mengatakan bahwa Anda berserah kepada Tuhan, tetapi Firman Tuhan berkata: "rendahkanlah dirimu seorang kepada yang lain . . . Hai isteri, tunduklah kepada suamimu . . . . Hai anak-anak, taatilah orang tuamu . . ." (Efesus 5:21-22; 6:1). Inilah sebabnya mengapa perintah tersebut tidak begitu mudah untuk dilaksanakan. Banyak orang mengaku, "Saya berserah kepada Tuhan," namun ketika diuji melalui sikapnya terhadap orang lain, jelas terlihat bahwa mereka kurang berserah kepada Tuhan.

Jika Anda ingin merendahkan diri, Anda sendiri harus bertindak. Tak ada salahnya kalau sesekali Anda menghadap kepada Tuhan dengan jatuh terkapar ke bumi. Pernahkah Anda melakukannya? Mengucaplah demikian, "Tuhan, inilah aku dan di atas tanah inilah tempatku yang sepantasnya! Aku tidak lebih dari seekor cacing. Aku berasal dari debu bumi dan tempatku memang adalah terkapar di atas debu bumi." Apakah Anda berpikir bahwa ini suatu tindakan fanatik?

Bacalah seluruh isi Alkitab dan lihatlah berapa banyak orang laki-laki yang juga menelungkupkan badannya di hadapan Tuhan: Abraham, Musa, Daud, Daniel. Pada hakikatnya, tidak satu pun di antara orang-orang kudus yang luar biasa itu yang tidak digambarkan pernah jatuh tertelungkup di hadapan Tuhan. Jika jatuh tertelungkup merupakan sesuatu yang baik bagi Musa, Daud, Daniel maupun lain-lainnya, tentunya ini adalah sesuatu yang sangat bergengsi untuk Anda lakukan. ". . . dan umat-Ku, yang atasnya nama-Ku disebut, merendahkan diri." Ini adalah langkah yang pertama dan tidak boleh Anda lewatkan.

Tuhan telah menyusun program rohani-Nya berdasarkan tingkatan: kelas 1, kelas 2, kelas 3, kelas 4. Sebelum Anda lulus dari kelas 1, Anda tidak akan dapat naik ke kelas 2. Sekalipun Anda harus mengulang kelas 1 selama sepuluh tahun berturut-turut, tidak masalah bagi Tuhan. Tuhan tetap tidak akan menaikkan kelas Anda. Itulah sebabnya ada yang tidak pernah naik kelas sekian lama. Jangan sekali-kali Anda berpikir begini, "Tuhan, aku tidak lulus di kelas 1, tapi aku pasti akan berhasil di kelas 2. Izinkan aku naik kelas dan aku berjanji akan berhasil di kelas berikutnya." Tak akan ada gunanya Anda membujuk Tuhan seperti itu, karena Ia tak akan menggubris Anda.

Langkah kedua ialah berdoa. ". . . dan umat-Ku, yang atasnya nama-Ku disebut, merendahkan diri, berdoa." Janganlah mulai berdoa sebelum Anda merendahkan diri. Sikap merendahkan diri harus mendahului tindakan doa.

". . . berdoa dan mencari wajah-Ku." **Langkah ketiga**

ialah mencari wajah Tuhan. Apa maksudnya? Setahu saya, ini berarti kita harus masuk ke dalam hadirat Tuhan yang mahakuasa di mana semua penyekat maupun penghalang sudah disingkirkan, dan Anda akan langsung berhadapan muka dengan Tuhan yang mahakuasa. Boleh saja Anda sering hadir dalam persekutuan doa, namun itu belum berarti bahwa Anda sungguh-sungguh mencari wajah Tuhan.

Apabila Anda mencari wajah Tuhan, Anda tidak akan puas sebelum benar-benar masuk ke dalam hadirat-Nya sekalipun untuk itu Anda harus menghabiskan waktu semalaman. Banyak orang berdoa tetapi tidak sungguh-sungguh mencari wajah Tuhan. Doa yang demikian sering dihentikan sebelum benar-benar terjadi kontak dengan Tuhan.

Langkah keempat: ". . . berbalik dari jalan-jalannya yang jahat." Siapa yang disuruh berbalik dari jalan-jalan hidupnya yang jahat ini? Para pecandu minuman keras, kalangan muda-mudi yang malas ke gereja? Bukan! Yang disuruh berbalik adalah *umat Kristen sendiri umat percaya!* Kendala yang menghalangi kebangunan rohani terdapat di dalam lingkungan Gereja sendiri, bukan di luarnya. Sesungguhnya, penghalang itu tidak pernah berada di luar Gereja.

Tahukah Anda dari mana penghakiman dimulai? Dari rumah Tuhan. "Karena sekarang telah tiba saatnya penghakiman dimulai," Petrus berkata, "dan pada rumah Allah sendiri yang harus pertama-tama dihakimi" (1 Petrus 4:17). Untuk menandaskan hal itu Petrus menambahkan, "Dimulai dari kita dulu." Selanjutnya ia berkata, "Apa yang akan terjadi dengan orang fasik dan orang berdosa? Apa yang akan terjadi pada rumah Tuhan sendiri yang harus pertama-tama dihakimi?" Tuhan selalu bekerja dengan pola seperti ini. Ia memulai dengan orang yang paling banyak tahu. "Setiap orang yang kepadanya banyak diberi, dari padanya akan banyak dituntut" (Lukas 12:48). Mungkin Anda berkata, "Tetapi saya tidak pernah berada di jalan-jalan yang jahat, Pak Prince." Saya menjawab, "Hubungan Anda dengan Tuhan belum pernah begitu dekat, maka Anda tak melihat jalan-jalan hidup Anda yang jahat itu. Jika Anda sudah masuk ke dalam hadirat Tuhan, Anda akan mulai melihat jalan-jalan hidup Anda yang jahat. Ucapan Anda sendiri bahwa Anda tidak berada di jalan-jalan yang jahat sesungguhnya menunjukkan betapa jauhnya posisi Anda dari Tuhan."

Setelah Anda mengambil empat langkah tadi, Tuhan berjanji, "Aku akan mendengar dari Surga." Tuhan tidak berjanji bahwa Ia pasti akan mendengar setiap doa yang dipanjatkan. Anda tahu kenapa? Saya bahkan yakin bahwa di banyak gereja, doa-doa umat tidak pernah naik menembus plafon gedungnya. Tuhan tidak berjanji bahwa Ia pasti akan mendengar setiap doa. Memang benar, Tuhan berkata, "Dan jikalau kita tahu, bahwa Ia mengabulkan apa saja yang kita minta, maka kita juga tahu, bahwa kita telah memperoleh segala sesuatu yang telah kita minta kepada-Nya." (1 Yohanes 5:15). Masalahnya bukan bagaimana berdoa supaya Tuhan *menjawab*, tetapi bagaimana berdoa supaya Tuhan *mendengar*.

". . . Aku akan mendengar dari sorga dan mengampuni dosa mereka." Dosa siapa? Dosa para pelacur atau pecandu narkoba? Bukan, dosa *UMAT GEREJA!*

". . . dan memulihkan (menyembuhkan) negeri mereka." Bagi saya, persoalannya jelas. Jika sebuah negeri tidak dipulihkan (disembuhkan), kesalahan sesungguhnya terletak pada umat Tuhan. Saya sudah lama memikirkan, mendoakan dan merenungkan hal ini. Kondisi atau keadaan negeri kita sesungguhnya merupakan tanggung jawab dari umat yang mengakui Kristus. Saya yakin bahwa inilah kebenaran yang hakiki. Jika negeri kita tidak dipulihkan (disembuhkan) dari sakitnya, kesalahannya terletak pada kita.

Sembuh Melalui Doa

Bagaimana kita dapat memulihkan (menyembuhkan) bangsa kita? Saya akan berbicara dengan Anda mengenai doa. Saya akan mendasarkan pengajaran saya pada empat ayat pertama dari 1 Timotius 2:

1. "Pertama-tama aku menasihatkan: Naikkanlah permohonan, [doa], doa syafaat dan ucapan syukur untuk semua orang,

2. "untuk raja-raja dan untuk semua pembesar, agar kita dapat hidup tenang dan tenteram dalam segala kesalehan dan kehormatan.

3. "Itulah yang baik dan yang berkenan kepada Allah, Juruselamat kita,

4. "yang menghendaki supaya semua orang diselamatkan dan memperoleh pengetahuan akan kebenaran."

"Pertama-tama," demikian Paulus berpesan, kita harus menaikkan "permohonan, [doa], doa syafaat dan ucapan syukur." [Dalam Alkitab versi bahasa Inggris disebutkan "doa" dan "doa syafaat", bukan hanya "doa syafaat".] Sekiranya kita harus memilih sebuah kata yang dapat mencakup keempat hal yang harus dilakukan itu, maka kata itu adalah "berdoa." Kewajiban pertama yang harus selalu dipenuhi oleh umat Kristen ketika berkumpul adalah: Berdoa. Seandainya doa itu sendiri tidak pernah dipanjatkan, Anda boleh saja mempunyai segala macam rencana, sistem maupun program, tetapi Anda tidak akan memiliki kuasa yang diperlukan untuk menjalankan semua itu. Ibaratnya, sebuah gedung yang lengkap dipasangi kabel listrik tetapi tidak disambungkan ke pembangkit tenaga listrik. Maka tidak ada satupun peralatan listrik yang akan berfungsi. Mungkin saja kabel-kabelnya dipasang dengan susunan yang benar, dan bahkan bola-bola lampunya juga berkualitas baik. Akan tetapi, semua peralatan tak akan berfungsi, karena tidak ada aliran listrik. Gardu tempat pembangkit listrik dari Gereja [umat Kristen] adalah Doa, dan karena itu logis bahwa Paulus berkata, "Pertama-tama, berdoalah!"

Pelayanan untuk penjangkauan keluar (*outreach*) pertama-tama harus melalui doa. Paulus berkata bahwa kita harus berdoa "untuk semua orang." Ini sesuai dengan nubuat Yesaya 56:7, di mana Tuhan berkata, "… rumah-Ku akan disebut rumah doa bagi segala bangsa." Sesungguhnya Tuhan sangat peduli akan "semua orang" dan "segala bangsa". Tuhan menghendaki agar umat-Nya pun memiliki kepedulian yang sama. Sebaliknya, betapa sempit dan egoisnya doa-doa yang umumnya dipanjatkan oleh orang-orang yang mengaku sebagai orang Kristen, karena semua doa mereka hanya berpusat kepada kepentingan diri sendiri!

Pernah ada orang yang menyampaikan doa sebagai berikut, sebagaimana lazimnya banyak orang Kristen berdoa: "Ya Tuhan, berkatilah aku, dan istriku, dan anakku John dan istrinya. Cukup kami berempat saja, Tuhan, tidak lebih dari itu. Amin!" Betapa mementingkan diri!

Jadi, apakah yang seharusnya kita doakan terlebih dahulu? Kita harus berdoa bagi "semua orang". Pertama-tama, untuk "raja-raja dan untuk semua pembesar." Di banyak negara modern sudah tidak ada lagi monarki, karena itu di zaman sekarang umumnya kita tidak dapat lagi berdoa bagi "raja-raja". Namun demikian, entah ada monarki (sistem pemerintahan yang ada rajanya) atau tidak, ungkapan "semua pembesar" menandakan bahwa kita harus berdoa untuk semua orang yang diserahi tanggung jawab untuk memerintah negeri, yaitu Presiden, Perdana Menteri, menteri-menteri dalam kabinet, anggota parlemen, para walikota, pejabat kepolisian semuanya itu harus didoakan. Apakah Anda suka berdoa untuk mereka? Kapankah terakhir kalinya Anda masih berdoa bagi mereka?

Jadi, pokok doa pertama yang secara spesifik harus didoakan seperti diperintahkan Tuhan setiap kali umat-Nya berkumpul dalam persekutuan adalah Pemerintah. Berdasarkan pengalamanku melayani ke berbagai penjuru dunia, saya berani mengatakan bahwa sebagian besar umat yang mengakui diri orang Kristen jarang sekali dengan serius menaikkan pokok doa ini dalam ibadah mereka. Mereka bukan saja lalai untuk "pertama-tama" mendoakan pemerintahan terlebih dahulu, tetapi bahkan tidak pernah mendoakan hal tersebut! Umat

Kristen sering berdoa bagi orang-orang sakit, bagi orang-orang yang tidak bisa meninggalkan tempat tidurnya, para pendeta, misionaris, para penginjil, jiwa-jiwa yang belum diselamatkan, ya apa saja dan siapa saja mereka doakan. Tetapi mereka tidak pernah berdoa bagi yang satu ini yang dianggap paling penting oleh Tuhan yaitu pemerintahan. Tidak berlebihan kalau dikatakan bahwa banyak orang, yang menganggap dirinya umat Kristen yang sungguh-sungguh, ternyata jarang berdoa dengan serius bagi pemerintahan bangsa mereka, bahkan hingga satu kali dalam seminggu sekalipun.

Pemerintahan yang Baik adalah Kehendak Tuhan

Permohonan apakah yang secara spesifik harus dipanjatkan pada waktu kita berdoa bagi pemerintahan? Dalam ayat kedua Paulus menjawab: "... agar kita dapat hidup tenang dan tenteram dalam segala kesalehan dan kehormatan." Apakah pemerintahan yang berkuasa bisa mempengaruhi kualitas kehidupan kita? Sudah barang tentu. Oleh karena itu, apabila kita sungguh-sungguh menginginkan suatu kehidupan yang berkualitas, maka secara logis dan demi kefaedahan kita sendiri perlu sekali untuk berdoa bagi pemerintah kita.

Hal ini semakin saya sadari terutama ketika sekian puluh tahun yang lalu saya pernah mengajukan permohonan menjadi warganegara Amerika Serikat (negeri asal saya sendiri adalah Inggris). Seperti juga dialami oleh semua orang lain yang mau masuk warganegara A.S., saya diwajibkan untuk mempelajari secara garis besar prinsip-prinsip yang dianut dan tujuan-

tujuan yang hendak dicapai oleh UUD Amerika Serikat. Dan ketika sedang merenungkan semua ini, saya pun bertanya kepada diri sendiri: "Apakah tujuan yang yang hendak dicapai oleh bapak-bapak bangsa yang menyusun Undang-Undang Dasar ini?"

Pada akhirnya saya dapat menarik kesimpulan tentang tujuan yang hendak dicapai, dan sesungguhnya tujuan itu terangkum dengan begitu bagus oleh kata-kata Paulus: ". . . agar kita dapat hidup tenang dan tenteram dalam segala kesalehan dan kehormatan." Para bapak bangsa yang menyusun UUD Amerika Serikat itu bertujuan untuk menciptakan suatu bangsa yang di dalamnya setiap warganegara benar-benar merdeka untuk mencapai cita-cita mereka asalkan tidak bertentangan dengan undang-undang. Dalam pencapaian cita-cita tersebut mereka berhak untuk tidak boleh diganggu oleh warganegara lainnya, begitu juga oleh pemerintah, dan mereka bahkan harus mendapat perlindungan dari pemerintah dan pejabat-pejabatnya. Bila kita mempelajari kalimat demi kalimat yang digunakan dalam UUD Amerika Serikat, rupanya hampir semua orang yang terlibat dalam penyusunan UUD itu kalau tidak semuanya benar-benar mengerti bahwa negara seperti itu hanya mungkin di bawah perlindungan serta perkenan Tuhan Yang Mahakuasa. Karena itu, warga negara Kristiani di A.S. patut berterima kasih bahwa undang-undang dasar negara ini benar-benar sesuai dengan tujuan-tujuan dan prinsip pemerintahan yang ditetapkan dalam Alkitab.

Selanjutnya dalam 1 Timotius pasal 2 ayat 3 Paulus berkata, "Itulah yang baik dan yang berkenan kepada Allah, Juruselamat kita." Kata penunjuk "itu" menunjuk kepada hal yang dibicarakan di ayat 2 yang sebelumnya, yaitu "pemerintahan yang baik (dan benar)." Jika sekiranya kita menggantikan kata "Itulah" dengan ungkapan yang dimaksudkan, maka kita akan dapat menyusun kalimat sebagai berikut: "Pemerintahan yang baik dan benar (adalah) baik dan berkenan kepada Allah." Kalimat itu bahkan dapat lebih disederhanakan lagi, yaitu: "Pemerintahan yang baik dan benar adalah kehendak Tuhan."

Kalimat ini merupakan pernyataan yang sangat besar dan luas konsekuensinya. Tetapi apakah kita, orang-orang Kristen sendiri benar-benar percaya akan hal tersebut? Apabila kita memperhatikan tutur kata dan tingkah laku sebagian besar umat Kristen, terdapat kesan seakan-akan umat Kristen sendiri tidak banyak atau tidak terlalu mengharapkan adanya suatu pemerintahan yang baik. Umat Kristen sendiri seakan-akan sudah menyerah dan angkat tangan serta menerima (berkompromi dengan) "kenyataan" bahwa pada umumnya pemerintahan memang kurang efisien, suka boros, bertindak semena-mena, korup serta tidak adil. Saya sendiri telah lama sekali mempelajari masalah ini berdasarkan logika dan Firman Tuhan, dan saya kini benar-benar yakin mengenai kehendak Tuhan dalam hal ini: bahwa Tuhan sungguh menghendaki pemerintahan yang baik dan benar.

Alasan Mengapa Tuhan Menghendaki Pemerintahan yang Baik dan Benar

Bila kita melanjutkan dan membaca ayat 4, di situ kita melihat bahwa Paulus menyebutkan alasan mengapa pemerintahan yang baik dan benar adalah kehendak Tuhan:

"(Tuhan) menghendaki supaya semua orang diselamatkan dan memperoleh pengetahuan akan kebenaran." Tuhan sedemikian serius menghendaki agar semua manusia diselamatkan, dan untuk itu Tuhan mengatur agar dalam sejarah kita terjadi suatu pengorbanan yang amat mulia, yaitu kematian Yesus Kristus pada kayu salib, yang memperdamaikan manusia dengan Tuhan. Keselamatan tersedia bagi semua orang, asalkan mereka percaya akan penebusan yang dilakukan oleh Kristus. Namun, "supaya semua orang diselamatkan", terlebih dahulu mereka perlu "memperoleh pengetahuan akan kebenaran" mengenai karya penebusan Kristus itu. Hal itu hanya mungkin apabila ada orang yang memberitakan Injil kepada mereka.

Paulus menguraikan hal ini dengan jelas sekali dalam Roma 10:13-14: "Sebab, barangsiapa yang berseru kepada nama Tuhan, akan diselamatkan. Tetapi bagaimana mereka dapat berseru kepada-Nya, jika mereka tidak percaya kepada Dia? Bagaimana mereka dapat percaya kepada Dia, jika mereka tidak mendengar tentang Dia. Bagaimana mereka mendengar tentang Dia, jika tidak ada orang yang memberitakan-Nya?" Kecuali Injil itu diberitakan kepada mereka, semua orang tidak dapat memperoleh keselamatan meskipun keselamatan tersebut telah dibayar (di muka) bagi mereka lewat korban penebusan Kristus.

Demikianlah, kita dapat menyimpulkan logika dari semua ini dengan sederhana sekali. Tuhan menghendaki supaya semua orang diselamatkan. Untuk itu perlu bahwa mereka memperoleh pengetahuan tentang kebenaran. Pengetahuan tentang kebenaran itu hanya dapat diperoleh lewat pekabaran Injil. Karena itulah Tuhan menghendaki agar Injil diberitakan kepada semua orang.

Di sini kita dapat menarik kesimpulan mengenai kaitan hubungan antara pemerintahan yang baik (dan benar) dan pekabaran Injil. Untuk itu kita perlu mengajukan sebuah pertanyaan yang amat sederhana kepada diri sendiri: Pemerintahan yang seperti apakah yang akan memudahkan pekabaran Injil? Pemerintahan yang baik (dan benar) atau pemerintahan yang buruk (bejat)? Untuk menjawab pertanyaan ini, kita dapat memperbandingkan sejenak dampak yang dihasilkan oleh pemerintahan yang baik dan pemerintahan yang buruk, khususnya berkaitan dengan pekabaran Injil.

Di satu sisi, pemerintahan yang baik menegakkan tertib hukum. Pemerintahan ini menjaga agar terjadi komunikasi yang bebas dan terbuka. Ia juga menjamin kemerdekaan dan hak-hak dari masyarakat sipil. Ia menjamin kemerdekaan dalam menyampaikan pendapat dan kemerdekaan untuk berserikat. Pendek kata, tanpa harus menimbulkan pertentangan agama, pemerintahan yang baik menyediakan iklim atau suasana di mana Injil dapat diberitakan dengan efektif.

Di sisi lainnya, pemerintahan yang buruk membiarkan terjadinya pelanggaran hukum, membiarkan keadaan yang mengurangi keamanan perjalanan dan menyulitkan komunikasi yang bebas dan terbuka dan mengeluarkan berbagai larangan yang tidak adil dan sifatnya membatasi kebebasan orang. Dengan semua cara tersebut meskipun keadaannya bisa bervariasi pemerintahan yang buruk menghalang-halangi pemberitaan kebenaran. Dalam keadaan terburuk, pemerintahan yang bejat benar-benar menekan atau membatasi hak-hak universal semua manusia untuk percaya akan Tuhan dan untuk mengekspresikan iman mereka dalam ibadah secara terbuka di hadapan umum. Dengan nuansa yang berbeda-beda, keadaan-keadaan seperti itu dapat kita saksikan di negara-negara yang berada di bawah pemerintahan komunis dewasa ini.

Oleh karena itu, kesimpulan kami adalah bahwa pemerintahan yang baik mempermudah pekabaran Injil, sedangkan pemerintahan yang buruk menghalang-halanginya. Oleh sebab itulah, pemerintahan yang baik memang merupakan kehendak Tuhan.

Sekarang kita dapat secara logis menyimpulkan pengajaran dari 1 Timotius 2:1-4 dan menjabarkannya dalam sejumlah langkah sebagai berikut:

1. Pelayanan dan penjangkauan keluar yang harus pertama-tama dilakukan oleh orang-orang percaya yang berhimpun dalam persekutuan adalah: Berdoa.

2. Pokok doa yang nomor satu adalah untuk pemerintahan.

3. Kita harus berdoa bagi suatu pemerintahan yang baik.

4. Tuhan menghendaki agar semua orang mendapatkan kebenaran Injil dengan mendengarkan hal itu diberitakan kepada mereka.

5. Pemerintahan yang baik mempermudah pekabaran Injil, sedangkan pemerintahan yang buruk menghalang-halanginya.

6. Oleh karena itu, pemerintahan yang baik merupakan kehendak Tuhan.

Berdoa Berdasarkan Pengetahuan tentang Kehendak Tuhan

Kalimat terakhir dari ringkasan tersebut di atas jelas berkonsekuensi besar atas doa-doa yang kita panjatkan kepada Tuhan. Apabila kita ingin benar-benar efektif dalam berdoa, hal yang paling menentukan adalah pengetahuan yang kita miliki tentang kehendak Tuhan. Jika kita mengetahui bahwa hal yang kita doakan benar-benar sesuai dengan kehendak Tuhan, maka kita akan mempunyai iman untuk mengaminkannya. Tetapi jika kita ragu-ragu mengenai kehendak Tuhan, maka doa-doa kita pun akan mengambang dan kurang efektif. Dalam Yakobus 1:6-7 Yakobus memperingatkan kita bahwa doa-doa yang penuh kebimbangan tidak akan dikabulkan. "... sebab orang yang bimbang sama dengan gelombang laut yang diombang-ambingkan kian ke mari oleh angin. Orang yang demikian janganlah mengira, bahwa ia akan menerima sesuatu dari Tuhan."

Sebaliknya, di dalam 1 Yohanes 5:14-15 kita melihat keberanian yang dimiliki apabila orang yakin akan kehendak Tuhan: "Dan inilah keberanian percaya kita kepada-Nya, yaitu bahwa Ia mengabulkan doa kita, jikalau kita meminta sesuatu kepada-Nya menurut kehendak-Nya. Dan jikalau kita tahu, bahwa Ia mengabulkan apa saja yang kita minta, maka kita juga tahu, bahwa kita telah memperoleh segala sesuatu yang telah kita minta kepada-Nya."

Pengajaran Yohanes dalam perikop ini berbicara soal apa yang kita tahu mengenai kehendak Tuhan. Asal saja kita mengetahui hal yang kita doakan sesuai dengan kehendak Tuhan, maka kita dapat mengetahui bahwa sesungguhnya "kita telah memperoleh" segala sesuatu yang kita doakan. Memang, ungkapan "kita telah memperoleh" dalam bahasa Yunani berbentuk *present tense* (waktu sekarang), tetapi itu tidak berarti apa yang kita doakan langsung akan terjadi. Namun hal itu jelas menandakan adanya suatu keyakinan yang langsung dirasakan bahwa hal yang kita minta itu telah dikabulkan.

Hal ini selaras dengan pengajaran di Markus 11:24: "Karena itu Aku berkata kepadamu: apa saja yang kamu minta dan doakan, percayalah bahwa kamu telah menerimanya, maka hal itu akan diberikan kepadamu." Pada saat berdoa saat itu juga kita menerimanya. Kenyataan bahwa kita telah benar-benar menerimanya bisa terjadi beberapa waktu kemudian.

Dengan penjelasan di atas, sekarang kita dapat menggunakan logika yang sama untuk mengerti 1 Yohanes 5:14-15, seperti kita juga menggunakannya untuk mengerti 1 Timotius 2:1-4. Pengajaran Yohanes dalam ayat-ayat tersebut di atas dapat disimpulkan sebagai berikut:

1. Jika kita mengetahui bahwa apa saja yang kita doakan memang sesuai dengan kehendak Tuhan, maka kita pun mengetahui bahwa Tuhan mendengarkan doa kita.

2. Jika kita mengetahui bahwa Tuhan mendengarkan doa kita, maka tahulah kita bahwa kita telah menerima

hal yang kita doakan itu. (Meski hal itu tak berarti bahwa apa yang diminta itu langsung akan terjadi.)

Untuk memahami sepenuhnya hal yang bisa kita dapatkan ketika mendoakan pemerintah kita, perlu kiranya untuk mengkombinasikan pengajaran Yohanes dengan pengajaran Paulus. Akibatnya:

1. Jika kita berdoa untuk apa pun juga dan mengetahui bahwa hal itu sesuai dengan kehendak Tuhan, maka kita memiliki keyakinan bahwa doa itu telah dikabulkan.

2. Pemerintahan yang baik adalah sesuai dengan kehendak Tuhan.

3. Jika kita mengetahui hal ini dan berdoa untuk pemerintahan yang baik, maka kita boleh memiliki keyakinan bahwa pemerintahan yang baik itu telah diberikan kepada kita.

Jadi, mengapakah sebagian besar umat Kristen kurang begitu yakin bahwa mereka akan memperoleh pemerintahan yang baik (dan benar)? Hanya ada dua pilihan sebagai penyebabnya: Penyebab yang pertama, mereka tidak pernah berdoa untuk pemerintahan yang baik; atau boleh saja umat Kristen berdoa untuk pemerintahan yang baik, tetapi umumnya mereka tidak mengetahui apakah itu benar kehendak Tuhan. Kesimpulan-kesimpulan di atas yang berdasarkan Alkitab telah saya konfirmasikan dengan pengamatan pribadi saya. Sebagian besar umat Kristen tidak pernah dengan serius berdoa kepada Tuhan meminta pemerintahan yang baik. Sedikit sekali yang sungguh-sungguh berdoa untuk suatu pemerintahan yang baik, dan yang sedikit ini jarang sekali melakukannya dengan keyakinan yang berdasarkan Alkitab, bahwa hal yang mereka doakan itu memang sungguh kehendak Tuhan. Entah yang mana dari hal yang disebutkan di atas yang berlaku pada setiap orang, tetapi kesimpulan sesungguhnya tidak berubah: Tuhan telah memberikan kesempatan kepada umat Kristen untuk memastikan bahwa mereka akan mendapatkan suatu pemerintahan yang baik lewat doa-doa mereka. Sesungguhnya, orang-orang Kristen yang gagal untuk menggunakan otoritas yang dianugerahkan Tuhan ini boleh dikatakan melakukan suatu kelalaian baik di mata Tuhan maupun di mata bangsa mereka masing-masing.

Saya sendiri dibesarkan di negara Inggris. Karena itu saya seringkali dikagetkan ketika mendengar orang-orang Amerika berbicara seenaknya mengenai para pejabat pemerintah mereka dengan sikap yang begitu sinis. Hal ini sungguh ironis, karena Amerika Serikat merupakan negara demokratis di mana rakyat dapat memilih sendiri orang-orang yang akan memerintah negeri mereka. Karena itu, orang yang selalu mengecam dan mengkritik pemimpin mereka sesungguhnya mengkritik dirinya sendiri, karena melalui proses pemilihan umum yang demokratis rakyat di sana sesungguhnya berhak untuk menurunkan pemimpin tersebut dan menggantikannya dengan yang lain. Lebih tercela lagi orang-orang Kristen yang tinggal di negara demokratis, karena di samping mekanisme politik mereka yang normal, sebagai orang-orang percaya Tuhan telah menganugerahkan kepada mereka kuasa Doa yang diperlukan untuk membawa perubahan yang diinginkan, baik mengenai siapa yang akan memerintah maupun mengenai kebijakan yang ditempuh oleh negara.

Pada hakikatnya, umat Kristen tidak diberi tanggung jawab oleh Tuhan untuk mengkritik pemerintahan mereka. Mereka hanya diserahi tanggung jawab untuk mendoakannya. Selama orang-orang Kristen belum sungguh-sungguh berdoa, mereka sebenarnya tidak berhak untuk memberi kritik. Bahkan, mungkin dapat dikatakan bahwa kebanyakan pemimpin politik dan pejabat pemerintah terbukti lebih setia dalam menjalankan tugas-tugas kewajiban sekuler mereka, ketimbang orang-orang Kristen yang kurang memenuhi kewajiban-kewajiban spiritual mereka. Sesungguhnya, dapat dikatakan bahwa pemerintahan macam apa pun yang didapatkan oleh umat percaya, memang itulah pemerintahan yang pantas mereka peroleh. (Salah mereka sendiri, kalau kurang berdoa.) Waktu juga memainkan peranan di sini, karena semuanya tidak terjadi dalam waktu yang singkat. Tetapi bagaimana pun juga, umat Kristen memikul tanggung jawab untuk pemerintahan yang berkuasa atas mereka. Selanjutnya, jika orang-orang percaya sungguh-sungguh serius dan mulai berdoa syafaat, maka tidak lama lagi mereka akan berhenti mengeluarkan lebih banyak kritik.

Saya menyimpulkan bahwa akar permasalahan pada sebagian besar orang Kristen bukanlah bahwa mereka kurang memiliki kemauan, tetapi mereka memang kurang pengetahuan. Kiranya fakta ini benar-benar disadari: Pemerintahan yang baik merupakan kehendak Tuhan. Dengan ini maka orang-orang Kristen akan mulai memiliki iman dan motivasi untuk benar-benar berdoa secara efektif bagi pemerintahan mereka.

Perjuangan yang Bersifat Spiritual

Ada sebuah alasan yang sangat pasti dan alkitabiah untuk hal itu. Mengapa umat Tuhan yang bertanggung jawab dalam hal ini? Karena, umat Kristen adalah satu-satunya kelompok masyarakat yang memiliki sarana untuk mewujudkan pemerintahan yang baik. "Karena *perjuangan* kita [dalam Alkitab bahasa Inggris dikatakan 'kita bergulat', (*we wrestle*)] bukanlah melawan darah dan daging, tetapi melawan pemerintah-pemerintah, melawan penguasa-penguasa, melawan penghulu-penghulu dunia yang gelap ini, melawan roh-roh jahat di udara" (Efesus 6:12). Di sini Paulus berkata, "kita bergulat (*we wrestle*)." Dalam bahasa Inggris ada sementara orang Kristen yang salah menempatkan tanda baca dalam ayat ini. Mereka membacanya demikian, "kita <u>tidak</u> bergulat (*we wrestle not*)" titik! Bila demikian, artinya seakan-akan Paulus menyuruh kita pasif saja. Padahal bukan begitu yang dimaksudkan oleh Paulus. Paulus berkata, ". . . kita berjuang tetapi bukanlah melawan darah dan daging." Kiasan yang digunakan Paulus dalam ayat tersebut diilhami oleh olah raga Olimpiade pada zaman itu. Para ahli sejarah berkata bahwa dari semua cabang olahraga dalam pertandingan Olimpiade, cabang olah raga yang paling berat adalah olah raga adu gulat. Perjuangan kita sebagai umat Kristen memang cocok sekali apabila dibandingkan dengan suatu pertandingan adu gulat. Dalam adu gulat, segala sesuatu diperbolehkan. Setiap bagian tubuh dari para pegulat ikut berperan. Demikian juga dalam kehidupan Kristiani. Kita sedang dalam arena adu gulat, tetapi lawan yang kita hadapi bukan darah dan daging. Menurut Paulus, lawan yang kita hadapi bukanlah manusia biasa.

Siapakah lawan yang kita hadapi? "Pemerintah-pemerintah" maksudnya, kerajaan-kerajaan yang sungguh-sungguh ada (di alam roh) meskipun tidak kasat mata. "Penguasa-penguasa" "daerah-daerah" otoritas (kekuasaan) yang dikuasai oleh kerajaan-kerajaan yang tidak kasat mata itu. "Penghulu-penghulu dunia yang gelap" secara harfiah: "penguasa-penguasa dunia yang menguasai abad kegelapan sekarang ini." "Roh-roh jahat" yaitu roh-roh yang mendalangi semua kejahatan.

Di manakah tempat berlangsungnya peperangan besar-besaran itu? "Di tempat-tempat yang tinggi," atau lebih harfiah lagi, "di tempat-tempat surgawi." Inilah pewahyuan Firman Tuhan yang seharusnya diketahui juga oleh semua orang Kristen. Rupanya yang kita hadapi adalah sebuah pemerintahan (kerajaan) yang terorganisir dengan baik untuk menentang Tuhan dan segala rencana Tuhan. Inilah yang disebut kerajaan Setan. Yesus pernah berkata bahwa Setan si Iblis memang mempunyai suatu kerajaan. Yesus bahkan mengatakan bahwa Iblis sepenuhnya mengendalikan kerajaan itu. Jajaran pasukan dalam kerajaannya tak pernah terbagi dua dan pada hakikatnya kerajaan ini benar-benar menentang Tuhan.

Kerajaan Iblis bermarkas besar di sebuah area yang disebut "tempat-tempat surgawi." Sebagian besar penafsir Alkitab sama-sama menyepakati bahwa tempat tersebut bukan "langit (surga) ketiga" (*third* heaven) atau tempat kediaman Tuhan, bukan pula langit kesatu (*first heaven*), yaitu langit biru yang bisa dilihat oleh mata manusia, melainkan langit (surga) yang kedua atau langit yang terdapat di tengah-tengah, di antara langit yang kesatu dan yang ketiga. Di atas sana ada suatu kerajaan yang tak dapat dilihat oleh mata manusia, letaknya di atas bumi ini, dan itulah yang disebut kerajaan kegelapan. Kerajaan ini didirikan untuk terang-terangan menentang Tuhan dan sangat benci baik terhadap Tuhan, maupun terhadap segala rencana Tuhan dan juga seluruh umat-Nya. Ini termasuk Anda dan saya. Iblis sungguh membenci Anda, secara tidak tanggung-tanggung. Ia bersedia melakukan apa saja untuk mencelakakan dan menghancurkan Anda. Ia datang untuk mencuri, membunuh dan membinasakan. Ia adalah suatu oknum roh yang tidak boleh dipandang remeh, karena ia sangat berkuasa.

Sebagai umat Kristen kita mendapat tugas untuk menghancurkan kerajaan ini. Tugas ini tidak mungkin dilaksanakan, sekalipun oleh seorang presiden atau sekelompok jenderal yang berkuasa, karena sesungguhnya mereka tidak mempunyai senjata yang diperlukan untuk mengalahkannya. Seandainya yang dilawan adalah darah dan daging, tentu kita akan mengerahkan kendaraan lapis baja dan tank-tank maupun pesawat tempur. Akan tetapi, semua jenis senjata itu sama sekali tidak ada gunanya, karena perjuangan atau peperangan kita bukanlah melawan darah dan daging.

Makin banyak tokoh politik dunia kini telah sampai pada kesimpulan yang sama. Mereka tidak mengatakannya secara gamblang, tetapi kesimpulan itu tersirat dari ucapan-ucapan mereka. Saya melihat dengan jelas bahwa hampir semua tokoh politik dunia kini mengakui bahwa mereka menghadapi persoalan-persoalan yang tidak mampu mereka pecahkan. Itulah yang juga dikatakan oleh Alkitab.

Perjuangan kita bukan melawan darah dan daging. Anda bisa saja membunuh para penganut paham komunis, namun Anda tidak mungkin "membunuh" paham atau ideologi komunisme itu sendiri. Boleh saja Anda memberondong mati manusia sebanyak-banyaknya, tetapi Anda tidak pernah bisa mengatasi kekuatan-kekuatan spiritual yang berada di belakang mereka. Sekadar membunuh sekian banyak manusia tidak akan memecahkan persoalan. Paulus berkata dalam 2 Korintus 10:35, "Memang kami masih hidup di dunia, tetapi kami tidak berjuang [berperang] secara duniawi."

Peperangan yang kita lakukan ini sama sekali bukan dalam dimensi manusia yang bersifat darah dan daging. "Karena senjata peperangan kita bukanlah senjata duniawi" bukan bom, senjata api, tank, melainkan "senjata yang diperlengkapi dengan kuasa Tuhan yang sanggup meruntuhkan benteng-benteng." Yang dimaksudkan di sini adalah benteng-benteng atau kubu pertahanan Iblis.

Perhatikanlah di mana terletaknya kubu atau benteng pertahanan Iblis itu! "Kami mematahkan setiap siasat orang dan merubuhkan setiap kubu yang dibangun oleh keangkuhan manusia untuk menentang pengenalan akan Allah. Kami menawan segala pikiran dan menaklukkannya kepada Kristus." Kata lain untuk "siasat" (imajinasi) adalah "pemikiran." Sesungguhnya peperangan itu berlangsung di dalam akal pikiran manusia: pemikiran, imajinasi, buah-buah pikiran dan pengetahuan yang kita miliki. Tidak mungkin untuk mengubah sikap seseorang dengan sekadar menghukum mati yang bersangkutan. Karena bagaimana pun juga yang bersangkutan akan tetap berpegang pada sikap-sikap yang sama.

Ketika terjadi pemberontakan kelompok Mau Mau di kawasan Afrika Timur, penguasa Kerajaan Inggris mengeksekusi sejumlah pemimpin Mau Mau dengan menggantung mereka di depan umum. Saya kenal seorang misionaris yang menyaksikan sendiri orang-orang itu mati di tiang gantungan. Ia bercerita bahwa ketika orang Mau Mau itu berjalan menuju tiang gantungan mereka berkata, "Aku akan kembali, aku akan kembali." Yang terdengar itu rupanya bukan suara dari orang yang bersangkutan, melainkan suara dari roh jahat yang bersembunyi di dalam dirinya. Anda bisa saja membunuh tubuh seseorang, tetapi roh jahat yang di dalamnya pasti akan kembali lagi.

Kita tidak "bergulat" atau berjuang melawan darah dan daging. Kita berada di dalam dimensi yang berbeda; musuh kita tidak sama dengan kita, sedangkan senjata yang kita pakai pun berbeda. Tetapi senjata yang Tuhan berikan kepada kita itu penuh kuasa! Senjata-senjata itu tak terkalahkan, asal saja benar-benar digunakan. Seandainya kita kalah, hal itu bukan disebabkan karena kita kekurangan senjata. Kekalahan kita terjadi karena kita tidak benar-benar memanfaatkan atau menggunakan senjata tersebut.

Contoh-contoh dari Perjanjian Lama

Saya ingin masuk ke dalam Perjanjian Lama untuk memberi Anda dua buah contoh yang akan menyingkapkan dunia roh yang tidak kasat mata ini, yang sesungguhnya mendominasi dan mendalangi perjalanan hidup anak manusia. Saya sungguh percaya bahwa ada faktor-faktor spiritual (rohani) yang mendasari sebagian besar masalah dunia, baik dalam skala nasional maupun dalam kehidupan individual. Memang kita perlu mempelajari fakta-fakta sejarah dan memahami berbagai dampak dari keadaan sosial maupun ekonomi. Faktor-faktor sosial ekonomi ini tidak bisa dipungkiri, namun faktor yang paling mendominasi, mengendalikan serta menentukan di balik semua itu ternyata adalah faktor spiritual (rohani). Itulah sebabnya Gereja [umat Kristen] merupakan faktor penentu atau pemain utama di dalam menghadapi dan mengatasi masalah-masalah dunia. Karena Gereja [jemaat yang percaya] adalah satu-satunya utusan Surgawi yang mampu memasuki dunia roh tersebut dan beroperasi di sana. Semuanya ini memang sangat masuk akal.

Kitab Yehezkiel pasal 28 secara luar biasa mengungkapkan kepada kita mengenai adanya sebuah kerajaan yang ternyata memiliki dua dimensi yaitu, satu kerajaan yang kasat mata yang dikepalai oleh seorang manusia sebagai penguasanya, dan satu kerajaan yang tidak kasat mata dengan Setan si Iblis sebagai kepala negaranya. Dalam 19 ayat yang pertama dari pasal tadi kita membaca sebuah ratapan, suatu dakwaan yang penuh kepahitan, yang ditujukan kepada dua tokoh dalam sejarah manusia. Yang satu disebut "raja Tirus" [*prince of Tyrus*] dan yang keduanya juga disebut "raja Tirus" [*king of Tyrus*]. Raja Tirus yang pertama itu (ayat 2-10) adalah seorang manusia biasa. Orang ini berani-beraninya mengatakan dirinya adalah Tuhan, padahal ia hanya seorang manusia biasa. Pada akhirnya, karena ia hanya seorang manusia, ia harus mati. Namun raja Tirus yang kedua jelas bukan seorang manusia. Simaklah ayat 12 sampai 18 yang jelas memperlihatkan ciri-cirinya yang menunjukkan bahwa ia bukan manusia yang biasa. Di sini, kita hanya dapat menarik satu kesimpulan: Tak lain tak bukan, raja Tirus yang satu ini adalah Setan si Iblis. Jadi, di balik "Kerajaan Tirus" yang dapat dilihat oleh mata manusia dengan seorang raja (yang sebenarnya hanya boneka), terdapat "Kerajaan Tirus" yang tidak kasat mata yang diperintah langsung oleh penguasa dunia "kegelapan", yaitu Setan si Iblis. Segala hal-ihwal yang terjadi di dalam kerajaan yang kasat mata sesungguhnya lebih ditentukan oleh perkara-perkara yang terjadi di dalam kerajaan siluman yang tidak kasat mata itu. Yang lebih menentukan liku-liku sejarah manusia sesungguhnya adalah kerajaan siluman yang tidak tampak oleh mata kita.

Saya percaya bahwa di balik setiap kerajaan, setiap bangsa, setiap kota besar, ada siluman-siluman pemegang kekuasaan yang tidak kasat mata. Ada siluman-siluman yang memegang kekuasaan atas seluruh Indonesia, dan ada penghulu-penghulu dunia yang gelap serta tidak keli-hatan yang berkuasa atas ibu kota Jakarta. Saya banyak melakukan perjalanan dan ketika mengunjungi kota-kota tertentu, saya seringkali dapat merasakan keberadaan dari penghulu-penghulu kegelapan yang berkuasa di situ.

Suasana yang dipancarkannya tidak selalu sama. Tatkala berkunjung ke Berlin beberapa tahun yang lalu, saya sungguh merasakan atmosfer kota itu demikian najis dan penuh nafsu seks. Setiap kota menebarkan suatu suasana rohani yang berbeda. Di kota Chicago, roh yang berkuasa terasa melalui berbagai tindak kekerasan yang merajalela. Di kota New Orleans, terasa sekali roh sihir. Jika Anda memiliki kepekaan, Anda dapat merasakan penghulu-penghulu yang tidak kasat mata yang menguasai serta mengendalikan suatu kawasan tertentu. Di daerah-daerah itu tidak pernah akan terjadi terobosan untuk Kerajaan Tuhan sebelum penghulu-penghulu dunia yang gelap di sana ditaklukkan lewat doa. Baru sesudah terobosan itu terjadi, suatu bangsa atau sebuah kerajaan atau sebuah kota akan dilanda oleh kebangunan rohani yang biasanya datang secara bergelombang. Yang sesungguhnya menghambat gerakan Roh Allah adalah kekuatan-kekuatan yang terdapat di alam roh yang tidak kasat mata.

Tentang hal ini ada sebuah kejadian yang menggambarkannya dengan cara yang sangat hidup beberapa tahun silam di negara Argentina. Seorang misionaris Amerika bernama Ed Miller berangkat ke Argentina dengan berbagai rencana untuk melaksanakan pekerjaan Tuhan. Namun entah bagaimana, Tuhan mengurung dia selama lebih dari sebulan di sebuah gereja kecil yang lantainya dari tanah (belum disemen), dan satu-satunya hal yang harus ia kerjakan hanyalah berdoa. Tak henti-hentinya Miller berdoa sampai kuasa-penghulu-penghulu dunia yang gelap yang berkuasa atas Argentina berhasil ditaklukkan. Penduduk negara Amerika Latin ini seluruhnya beragama Katolik

Roma yang cukup kuat, tetapi dengan ajaibnya Tuhan memungkinkan stadion terbesar di negeri itu diambil alih oleh seorang pengkhotbah Amerika bertubuh kecil yang tidak terkenal. Tetapi setelah satu bulan lamanya 200.000 orang hadir di sana setiap hari untuk mendengarkan khotbahnya. Peristiwa ini merupakan salah satu gerakan Roh Tuhan yang paling luar biasa yang tercatat dalam sejarah gereja. Dan semuanya terjadi setelah orang-orang percaya berhasil untuk mengikat dan membelenggu roh-roh yang tidak kasat mata di kawasan itu.

Sebuah contoh lain dalam Perjanjian Lama mengenai roh-roh penghulu dunia yang berkuasa itu terdapat di kitab Daniel pasal 10. Demi umatnya bangsa Yahudi, Daniel memutuskan untuk berdoa dengan sungguh-sungguh selama 21 hari memohonkan campur tangan Tuhan. Pada akhir masa puasanya, seorang malaikat mendatangi dia dengan sebuah pewahyuan yang merupakan jawaban atas doa-doanya. Malaikat itu berkata demikian: "Janganlah takut, Daniel, sebab telah didengarkan perkataanmu sejak hari pertama engkau berniat untuk mendapat pengertian dan untuk merendahkan dirimu di hadapan Allahmu, dan aku datang oleh karena perkataanmu itu." Daniel berdoa selama 21 hari, namun doanya sudah didengar sejak hari pertama. Mengapa ia harus menunggu 21 hari untuk mendapatkan jawaban? Dalam ayat 13 malaikat itu mengungkapkan alasannya: "Pemimpin kerajaan Persia berdiri dua puluh satu hari lamanya menentang aku; tapi kemudian Mikhael, salah seorang dari pemimpin-pemimpin terkemuka, datang menolong aku. . . ." "Pemimpin kerajaan Persia" di sini bukanlah manusia biasa. Semua peristiwa yang diceritakan itu tidak terjadi di alam dunia. Yang menyampaikan kabar itu adalah seorang malaikat, dan seorang malaikat pula yang menentang atau menghalang-halangi malaikat yang diutus kepada Daniel itu. Kemudian malaikat lain bernama Mikhael datang untuk menolong malaikat yang pertama. Ini sesungguhnya merupakan suatu peperangan rohani antar malaikat yang terjadi di udara.

Ternyata yang memicu hal-hal yang terjadi di langit (surga) adalah hal-hal yang terjadi di bumi sebelumnya. Ini sungguh kebenaran yang luar biasa. Tiada sesuatu terjadi sebelum Daniel mulai berdoa. Yang membuat malaikat itu berhasil untuk menemui Daniel pada akhirnya adalah doa-doa yang dipanjatkan olehnya, bukan pertolongan dari malaikat yang lain itu! Jadi kesulitan-kesulitan yang dihadapi itu berhasil diselesaikan bukan karena pertolongan malaikat. Inilah yang semestinya dipahami benar oleh umat percaya, bahwa segala persoalan yang kita hadapi sesungguhnya diselesaikan melalui doa-doa orang percaya.

Wahyu 12:11 berkata: "Dan mereka [umat Tuhan di bumi] mengalahkan dia [Iblis] oleh darah Anak Domba, dan oleh perkataan kesaksian mereka." Sesungguhnya kitalah faktor yang paling menentukan di dalam mengatasi persoalan-persoalan yang terjadi di seluruh jagat raya. Saya bukannya membesar-besarkan hal ini. Seandainya Daniel tidak berdoa, maka banyak hal yang tidak akan pernah terjadi di langit [surga]. Daniel harus berdoa selama 21 hari untuk memperoleh jawaban. Hal apakah yang menyebabkan jawabannya tertunda begitu lama? Penundaan itu tidak terjadi karena Daniel tidak berdoa sesuai dengan kehendak Tuhan. Tidak ada yang salah dengan doa Daniel. Iblis, yang diwakili oleh pemimpin kerajaan Persia itulah penyebabnya.

Sering kali doa Anda pun tidak dijawab. Ini bukan karena Anda salah berdoa, namun semata-mata karena Anda memang harus berdoa sampai pemimpin kerajaan yang jahat itu benar-benar tersingkir. Jika Anda tidak siap untuk melakukan doa tersebut, doa Anda pun tidak akan terjawab. Anda harus berdoa dengan sungguh-sungguh, sampai benar-benar tuntas. Anda harus tetap berdiri di hadapan Iblis. Kebanyakan orang takut untuk melakukan hal ini. Jika Anda memasuki medan perang ini, ketahuilah hal ini: Anda akan mulai menghadapi berbagai permasalahan maupun cobaan yang tidak pernah dialami oleh kebanyakan orang Kristen. Roh-roh jahat yang tidak kasat mata akan diberi tugas untuk melawan dan menghalang-halangi setiap orang yang bertekad untuk berdoa dan bersyafaat bagi pemerintah. Jika Anda tidak memiliki keberanian, sebaiknya Anda jangan mulai berdoa. Ucapan saya ini mungkin terkesan kasar, namun saya sungguh tidak main-main.

Dalam ayat 20, setelah menyampaikan pewah-yuannya, malaikat itu berkata: "Tahukah engkau, mengapa aku datang kepadamu? Sebentar lagi aku kembali untuk berperang melawan pemimpin kerajaan Persia, dan sesudah aku selesai dengan dia, maka pemimpin kerajaan Yunani akan datang." Tak satu pun dari nama-nama tokoh yang disebutkan ini adalah anak manusia. Mereka adalah penghulu-penghulu dunia yang gelap yang berkuasa di belakang layar dari setiap kerajaan. Kerajaan-kerajaan yang disebutkan itu ternyata penting karena secara berurutan mereka berkuasa atas

Tanah Suci Israel. Pertama-tama Babilon, kemudian Persia, kemudian Yunani, kemudian Roma. Di balik setiap kerajaan ada satu pemimpin rohani atau siluman jahat yang sangat berkuasa. Namun karena doa seorang manusia, yaitu Daniel, liku-liku perjalanan sejarah tidak ditentukan oleh para penguasa di langit [surga], melainkan oleh umat Tuhan di bumi.

Tuhan berkata dalam Yehezkiel 22:3031: "Aku mencari di tengah-tengah mereka seorang yang hendak mendirikan tembok atau yang mempertahankan negeri itu di hadapan-Ku, supaya jangan Kumusnahkan, tetapi Aku tidak menemuinya. Maka Aku mencurahkan geram-Ku atas mereka dan membinasakan mereka dengan api kemurkaan-Ku; kelakuan mereka Kutimpakan atas kepala mereka, …"

Seandainya saja pada waktu itu Tuhan berhasil menemukan seseorang di dalam bangsa itu, kemungkinan Tuhan tidak jadi memusnahkannya. Cobalah renungkan hal ini! Kalau pun hanya ada satu orang saja yang berdoa syafaat, kemungkinan nasib bangsa itu akan menjadi lain. Sayang sekali, tidak ada seorang pun yang ditemukan Tuhan.

Apakah semuanya akan berbeda pada zaman kita sekarang ini? Hingga sekarang Tuhan masih mencari orang-orang yang bersedia berdiri di celah [menutupi kekosongan] untuk membela dan menyelamatkan bangsanya. Berdoa untuk pemerintah merupakan sebagian dari tugas panggilan itu, bagian yang sangat penting. Pelayanan doa seperti ini merupakan pekerjaan yang dilakukan di belakang layar, tetapi dapat menghasilkan dampak besar karena mengalihkan hukuman Tuhan dan memantapkan rencana Tuhan bagi bangsa ini. Berdoa bagi pemerintahan yaitu berdoa bagi semua pembesar adalah suatu tugas besar. Karena itu berarti kita ikut berperan dalam peperangan rohani yang dapat mengukir sejarah umat manusia dan berdampak kekal.

Tuhan sedang mencari satu orang! Dan apabila saya berkata *satu orang* (*one man*), yang saya maksudkan adalah satu orang laki-laki. Inilah saatnya bagi pria-pria Kristen untuk mulai bertindak seperti laki-laki. Kepemimpinan tidak pernah diserahkan ke tangan perempuan. Saya tidak mengatakan ini untuk mengkritik wanita, karena sesungguhnya ini merupakan kesalahan kaum pria. Saya melihat bahwa kebanyakan kaum pria telah melepaskan tiga tanggung jawabnya yang utama sebagai suami, sebagai ayah dan sebagai pemimpin rohani. Tuhan sedang mencari satu orang, *satu orang laki-laki untuk mendirikan tembok pertahanan.* Seandainya Ia tidak dapat menemukan satu orang, kondisi negara ini akan menjadi sama seperti bangsa Israel di bawah hukum Taurat. Semuanya terpulang kembali kepada Anda! Jika Anda belum mampu melihatnya, kiranya Tuhan mencelikkan mata Anda. Dan, jika Anda belum juga mengakui tanggung jawab Anda pribadi, kiranya Anda bertobat.

Panduan di Dalam "Berdoa Bagi Kesejahteraan Bangsa"

Untuk Siapa Kita Berdoa

- Berdoa untuk Presiden, Dewan Kabinet, Lembaga pengadilan, Partai politik, Anggota DPR/MPR, MA, dan Polri.
- Berdoa untuk setiap individu sebanyak mungkin dengan menyebutkan nama mereka, untuk setiap tanggung jawab dan setiap kebutuhan ataupun masalah yang mungkin mereka hadapi.
- Berdoa untuk mereka yang ada di berbagai Departemen dalam pemerintahan, dan mereka yang terlibat di dalam Pelayanan Masyarakat.
- Berdoa untuk setiap orang Kristen yang berada di dalam pemerintahan:

  - Agar disetiap waktu mereka dapat memegang teguh standar kebenaran ilahi tanpa kompromi.
  - Agar mereka memiliki hikmat, kepekaan, dan integritas di dalam setiap situasi.
  - Agar mereka selalu siap untuk berdiri teguh dan tidak menjadi malu untuk mempertahankan apa yang mereka yakini.
  - Agar keluarga mereka terlindungi dan mereka selalu takut akan Tuhan dan tidak mencemarkan nama Tuhan melalui dosa atau skandal.

- Berdoa untuk mereka yang berada di parlemen dan para pejabat lainnya yang belum menjadi orang percaya agar mereka dapat mengalami pertobatan.

- Berdoa untuk mereka yang belum menjadi orang percaya agar mereka menjadi "Hamba-hamba Allah untuk kebaikan kita, menghukum orang yang berbuat salah, dan memberikan penghargaan untuk mereka yang melakukan kebenaran." (Roma 13:3-4)

Cara Mendoakannya

- Agar para pemimpin dapat "memerintah dengan adil dan takut akan Tuhan" (2 Samuel 23:3-4). Seorang pemimpin yang bukan *orang percaya* tapi memerintah dengan adil dan takut akan Tuhan lebih baik daripada seseorang yang *berlabel Kristen* namun memerintah dengan tidak adil dan tidak takut akan Tuhan.
- Agar setiap bentuk KKN yang berada di dalam pemerintahan dapat terungkap, sehingga mereka dapat mengakui dosa mereka dan mengalami pertobatan yang sungguh-sungguh, dan jika mereka tidak mau bertobat, berdoa agar Allah menurunkan mereka dari jabatan mereka.
- Agar pandangan secara Alkitabiah menjadi bahan acuan yang utama di dalam setiap perdebatan yang menyangkut isu-isu moral seperti aborsi, prostitusi, homoseksual, pornografi, kloning genetika, kejahatan, kenakalan remaja, dll.
- Agar setiap media informasi yang ada dapat menyam-paikan pemberitaan mereka mengenai isu-isu politik secara akurat, tidak bias, dan transparan dengan tujuan untuk kebaikan bangsa.
- Agar masukan yang diberikan oleh orang-orang percaya dan organisasi lainnya yang berjuang untuk

mengangkat standar ilahi dapat mempengaruhi setiap kebijakan yang ditetapkan oleh badan legislatif dan berdampak luas bagi kehidupan masyarakat.

- Agar Allah melindungi bangsa kita dengan menyingkapkan dan menghalangi setiap bentuk kejahatan terorisme.

Tindakan Praktis Lainnya

- Sampaikan pendapat Anda kepada Dewan Parlemen mengenai isu yang menjadi keprihatinan Anda.
- Sampaikan juga kepada media massa, dan perhatikan respon mereka.
- Libatkan diri Anda ke dalam partai politik yang Anda pilih.
- Libatkan diri Anda ke dalam kelompok atau komunitas kemasyarakatan di lingkungan Anda.

Derek Prince (1915 2003)

Pengajar Alkitab dan penulis Derek Prince wafat dalam tidurnya pada tanggal 24 September 2003 di Yerusalem karena kelumpuhan jantung yang dideritanya akibat kondisi kesehatan yang terus menurun. Derek berumur 88 tahun. Derek telah menulis lebih dari 45 judul buku termasuk diantaranya *Shaping History through Prayer and Fasting* dan *The Spirit-filled Believer's Handbook* – yang telah diterjemahkan ke dalam lebih dari 60 bahasa dan didistribusikan ke seluruh dunia. Derek mengawali pengajarannya dengan menggali tema-tema tentang kutuk-kutuk keturunan, arti Israel dalam Alkitab dan demonology.

Peter Derek V. Prince lahir di Bangalore, India dari keluarga militer berkebangsaan Inggris. Derek menempuh pendidikannya di Eton College dan Cambridge University di Inggris kemudian juga di Hebrew University, Israel. Sebagai mahasiswa dia adalah ahli filsafat dan mengakui bahwa dirinya tidak percaya Tuhan (atheis). Dia terpilih sebagai guru besar di King's College, Cambridge.

Ketika bertugas di Angkatan Darat Inggris sebagai petugas kesehatan pada perang dunia II, Derek mulai belajar Alkitab secara mendalam. Melalui perjumpaan yang supraalami dengan Yesus Kristus, beberapa hari kemudian Derek menerima baptisan Roh Kudus.

Ketika Angkatan Darat Inggris menempatkan Derek di Yerusalem selama perang dunia II, Derek menyaksikan kembalinya orang-orang Yahudi dari seluruh penjuru dunia ke Israel dan tersadarkan bahwa penggenapan nubuat dalam Alkitab sedang terjadi di hadapannya. Dari tahun ke tahun pemulihan Israel memang menjadi fokus utama perkembangan pelayanannya ke seluruh dunia.

Pada tahun 1945, setelah berhenti dari Angkatan Darat, Derek menikahi Lydia Christensen, pendiri rumah yatim piatu di Yerusalem. Karena pernikahannya ini Derek menjadi ayah bagi delapan anak angkat Lydia yang semuanya perempuan enam anak Yahudi, satu anak berdarah Arab Palestina dan satu keturunan Inggris. Pada akhir tahun 1950 ketika Derek menjadi kepala sekolah di Kenya, Derek dan Lydia mengadopsi seorang anak perempuan lagi.

Pada tahun 1963 Derek beremigrasi ke Amerika Serikat dan memimpin sebuah gereja di Seattle. Digerakkan oleh tragedi pembunuhan John F. Kennedy, Derek mulai mengajar orang Amerika bagaimana bersyafaat bagi bangsa dan negara mereka. Pada tahun 1973 Derek menjadi salah satu pendiri dari Intercessors for America. Bukunya *Shaping History Through Prayer and Fasting (Doa dan Puasa Mengubah Masa Depan)* menyadarkan orang-orang Kristen di seluruh dunia tentang tanggung jawabnya untuk berdoa bagi pemerintah mereka. Banyak anggapan yang membangun orang-orang percaya bahwa penerjemahan bawah tanah dari buku ini telah membawa kejatuhan dari rezim komunis di USSR dan Eropa Timur.

Pada tahun 1968 Derek pindah ke Fourth Lauderdale, Florida dan pada awal tahun tujuh puluhan bekerja bersama dengan pengajar-pengajar Alkitab terkenal seperti Don Basham, Ern Baxter, Bob Mumford dan Charles Simpson.

Lydia Prince meninggal pada tahun 1975. Pada tahun 1978, Derek menikah dengan istrinya yang kedua, Ruth Baker dari Amerika, seorang janda dengan tiga anak angkat. Bersama-sama mereka melanjutkan pelayanannya dalam mengajar, kesembuhan dan pelayanan pelepasan yang terus berkembang menjangkau seluruh dunia. Ruth meninggal pada tahun 1998.

Organisasi pelayanan Derek, Derek Prince Ministries, mendistribusikan pekerjaannya dan mengajar juga melatih para misionari, pemimpin gereja dan jemaat melalui 12 kantor perwakilan nasional (National office) dan sejumlah kantor penjangkauan. Program radionya yang terkenal secara internasional, Keys To Successful Living dimulai pada tahun 1979 dan telah diterjemahkan ke dalam lebih dari 12 bahasa . Hal ini menunjukkan bahwa pengajaran Alkitab Derek Prince telah mencakup lebih dari separuh bumi.

Derek telah mengajar dan melayani di 6 benua selama lebih dari tujuh dekade dan apa yang dikerjakannya telah memberi dampak bagi dunia Kekristenan seperti halnya yang lain. Pada tahun 2002 dia berkata," Inilah kerinduan saya dan saya percaya hal ini juga merupakan kerinduan Tuhan bahwa pelayanan ini akan terus melanjutkan pekerjaan yang Tuhan telah mulai melalui saya selama lebih dari 60 tahun hingga Yesus datang kembali." Dia dibantu oleh 11 anak dan keluarga besarnya yang terdiri lebih dari 150 orang.

Lengkapilah koleksi buku Anda dengan buku-buku karangan Derek Prince lainnya:

I. SERI PENGAJARAN ALKITAB & DOKTRIN
- Ajaran-Ajaran Dasar Kekristenan:
  Seri 1: Dasar Iman
  Seri 2: Bertobat dan Percaya
  Seri 3: Dari Sungai Yordan sampai Hari Pentakosta
  Seri 4: Faedah Pentakosta
  Seri 5: Penumpangan Tangan
  Seri 6: Kebangkitan Orang Mati
  Seri 7: Penghakiman yang Kekal
- Jodoh Pilihan Tuhan
- Pelajari dan Pahamilah Alkitab Anda
- Pernikahan Ikatan yang Kudus

II. SERI PENGENALAN AKAN ALLAH
- Kasih yang tidak Kepalang Tanggung
- Petikan Kecapi Daud
- Roh Kudus dalam Diri Anda

III. SERI KESELAMATAN, KESEMBUHAN DAN KELEPASAN
- Berkat atau Kutuk: Pilihan di Tangan Anda
- Botol Obat Tuhan
- Mata Air yang Pahit
- Pertukaran pada Kayu Salib
- Rasa Tertolak
- Tinggalkan Kutuk Terimalah Berkat

IV. SERI IMAN, DOA & PEPERANGAN
ROHANI
- Puasa yang Berhasil
- Doa dan Puasa: Menentukan Masa Depan
- Dapatkan yang Terbaik dari Tuhan
- Iman yang Olehnya Kita Hidup
- Pelayanan Doa Syafaat
- Peperangan Rohani
- Proklamasikan Iman Anda
- Rencana Allah untuk Uang Anda
- Mereka Akan Mengusir Setan-setan

V. SERI PEMBENTUKAN KARAKTER
- Mengalah itu Indah
- Suami & Ayah
- Sehatkah Lidah Anda
- Bapa Sejati
- Tujuan Hidup
- Ujian dalam Kehidupan Orang Percaya

VI. SERI GEREJA DAN PELAYANAN
- Membangun Jemaat Kristus
- Yerusalem Memanggilku

Dengarkan juga pengajaran Derek Prince melalui program
radio "**Keys to Successful Living**"

- Jakarta, RPK FM 96,35
  Pukul 06.45 07.00
  Setiap hari Senin Jum'at

- Semarang, Radio Ichtus FM 96,35
  Pukul 20.00 20.30
  Setiap hari Rabu

Pengajaran Derek Prince juga tersedia dalam bentuk
kaset / CD (bahasa Inggris), script dan e-magazine.

www.ingramcontent.com/pod-product-compliance
Lightning Source LLC
Chambersburg PA
CBHW060619030426
42337CB00018B/3124